KHALIL GIBRAN

Liebe ist ein heiliges Geheimnis

KREUZ

Wenn dir zum ersten Mal

die Augen der Geliebten aufblitzen
ist es, als falle ein Same in dein Herz.
Wenn du den ersten Kuss der Lippen
des Geliebten spürst
ist es, als breche eine Blüte am Baum des Lebens auf.
Und wenn zwei Liebende ehelich eins werden,
dann ist das wie die erste Frucht
der ersten Blüte dieses Samens.

[The Voice of the Prophet]

Bergt ihr

in euren gemeinsamen Häusern Schönes,
das eure Herzen über alles, was Holz und Stein ist,
hinausweist zum heiligen Berg?
Sagt mir, habt solches ihr in euren Wohnungen?
Oder seid ihr nur bequem in ihnen eingerichtet
und wollt in euren Sesseln liegen?
Dann schleicht die Trägheit bei euch ein,
wird Gast, dann Mieter, schließlich Herr.

[The Prophet]

Wahre Schönheit:

Das ist jener spirituelle Einklang,
den wir Liebe heißen.
Er tönt leise in der Schwingung,
die zwischen Mann und Frau vibriert.

[The Broken Wings]

Wohnt ja nicht

unbedacht in Gräbern,
von Toten eingerichtet für die Lebenden.
Euer Haus mag stattlich sein und strahlend –
doch euer Geheimstes darf es nicht vermauern,
darf eure Sehnsucht nicht verschließen.
Denn jenes Grenzenlose, das ihr bergt,
das wohnt im Himmelshaus:
Seine Tür ist wie der Morgennebel,
seine Fenster sind wie Lieder,
jedoch ganz nächtlich leise.

[The Prophet]

Trockne deine Tränen, Liebling:

Die Liebe hat uns die Augen geöffnet,
uns ihrer Herrschaft unterworfen.
Sie wird uns wappnen mit Geduld,
wird einen langen Atem uns verleihen.
Trockne deine Tränen, lass dich trösten:
Wir haben mit der Liebe unsern Bund geschlossen.
Um ihretwillen lässt sich alles tragen:
der Armut Mühsal, manches bittre Missgeschick
und nicht zuletzt der Schmerz,
nicht immer beieinander sein zu können.

[A Tear and a Smile]

Kennst du die Liebe,

die dein Sinnen abkehrt
von der Welt des Messens und des Wägens?
Jene Liebe, die zu flüstern beginnt,
wenn das Alltagsgeschwätz verstummt?
Jene Liebe, die wie ein blauer Leuchtturm
den Weg weist
und dich mit ihrem unsichtbaren Licht sicher führt?

[Between Night and Morn]

Viele lieben dich,

und doch bin einzig ich es, der dich wirklich liebt.
Andere lieben es, dir nahe zu sein,
aber ich liebe dich als die, die du bist.
Andere sehen in dir eine Schönheit,
die rascher verwelkt als ihre eigenen Jahre.
Ich aber sehe in dir eine unvergängliche Schönheit,
und im Herbst deiner Tage brauchst du nicht zu bangen,
sie nicht mehr im Spiegel zu erkennen.
Nie wird sie zu Schanden.
Einzig ich liebe diese Schönheit, die du bist.
Den Augen der anderen bleibt sie unsichtbar.

[Jesus, the Son of Man]

Könnte ich doch

der Friedensstifter eurer Seele sein,
es fertig bringen, den Zwiespalt und die Eifersucht
in euch in Einssein zu wandeln und in Harmonie.
Aber wie sollte mir das je gelingen,
solange nicht ihr selbst in euch den Frieden schafft,
ja euch mit euren inneren Widersprüchen
selbst versöhnt?

[The Prophet]

Ein Leben ohne Liebe

ist wie ein Baum ohne Blüte und Frucht.
Und Liebe ohne Schönheit
ist wie Blumen ohne Duft, wie Früchte ohne Samen.
Leben, Liebe und Schönheit sind dreieins.
Sie lassen sich nicht trennen,
lassen sich nicht tauschen gegen anderes.

[Thoughts and Meditations]

Falsch ist die Vorstellung,

Liebe sei das Ergebnis langer Gefährtenschaft
und ausdauernden Werbens.
Liebe bricht spontan da auf,
wo zwei im Geist verwandt sind.
Ist diese Verwandtschaft nicht augenblicklich da,
so lässt sie sich auch nicht über Jahre schaffen,
ja über Generationen nicht.

[Thoughts and Meditations]

Liebe ist ein heiliges Geheimnis.

Liebende können es nie ganz in Worte fassen.
Solchen, die nicht lieben, kann sie vorkommen
wie eine herzlose Marotte der Natur.

[Jesus, the Son of Man]

Selbst die Klügsten von uns

beugen sich unter das Schwergewicht der Liebe.
In Wirklichkeit ist sie so leicht
wie ein heiterer Windhauch,
der vom Libanon herweht.

[The Voice of the Master]

Der erste Blick

aus den Augen des geliebten Menschen
ist wie der Geist, der über den Wassern schwebte
und Himmel und Erde entstehen ließ,
als der Herr sprach: »Es werde!«

[The Voice of the Master]

Hochzeit

ist das Einswerden zweier göttlicher Wesen,
damit ein Drittes auf Erden geboren werde.
Sie ist das Einswerden zweier Seelen
in einer derart starken Liebe,
dass sie das Getrenntsein
am liebsten ganz aufheben möchte.

[On Marriage]

Liebt einander,

aber macht aus eurer Liebe keine Fessel.
Lasst sie vielmehr ein wogendes Meer sein
zwischen den Küsten eurer beiden Seelen.
Singt und tanzt miteinander und seid fröhlich,
aber lasst einander auch allein,
so wie die Saiten einer Laute allein sind
und doch zur selben Musik schwingen.

Schenkt einander eure Herzen,
aber nicht in festen Gewahrsam,
denn nur die Hand des Lebens selbst
kann sie umschließen.
Und steht zusammen, aber tut das nicht allzu eng,
denn zwischen den Säulen des Tempels
sind immer Zwischenräume,
und der Eichbaum und die Zypresse
wachsen nicht einer in des andern Schatten.

[The Prophet]

Eure Kinder sind nicht eure Kinder.

Sie sind die Söhne und Töchter des Lebens,
das begehrt, sich selbst zu entfalten.
Sie kommen durch euch, aber nicht aus euch,
und obwohl sie zu euch gehören,
sind sie nicht euer Besitz.

[The Prophet]

Ist es nicht die Hand Gottes,

die unsere Seelen schon vor der Geburt
eng aneinander gefügt und uns durch alle Tage und Nächte
hindurch so geschaffen hat,
dass wir einander schließlich in die Netze gingen?
Des Menschen Leben fängt keineswegs
erst im Mutterschoß an; es hört auch nicht im Grabe auf.
Liebende Seelen und einsichtsvolle Geister
bevölkern für immer
dieses Firmament voller Mondlicht und Sterne.

[The Broken Wings]

Was ganz tief in dir lebt,

du mein Du, ist in Alleinsein eingehüllt.
Ohne dieses Allein- und Einsamsein wärest du nicht du,
genau wie ich nicht ich sein könnte.
Trennte uns nicht dieses Allein- und Einsamsein,
so wäre mir beim Hören deiner Stimme,
als spräche meine eigene; oder beim Sehen
deines Angesichts, als sei das ich,
der in den Spiegel schaut.

[The Voice of the Master]

Erst gestern noch

hielt ich mich für ein Bruchstück,
ohne Rhythmus umhertaumelnd
in der Kugel des Lebens.
Jetzt weiß ich: Ich bin die Kugel,
und alles Leben bewegt sich in mir
in leise vernehmbaren Rhythmen.

[Sand and Foam]

Dein Nächster

ist dein anderes Selbst,
das hinter einer Wand wohnt.
Im Verstehen werden alle Wände fallen.

[Jesus, the Son of Man]

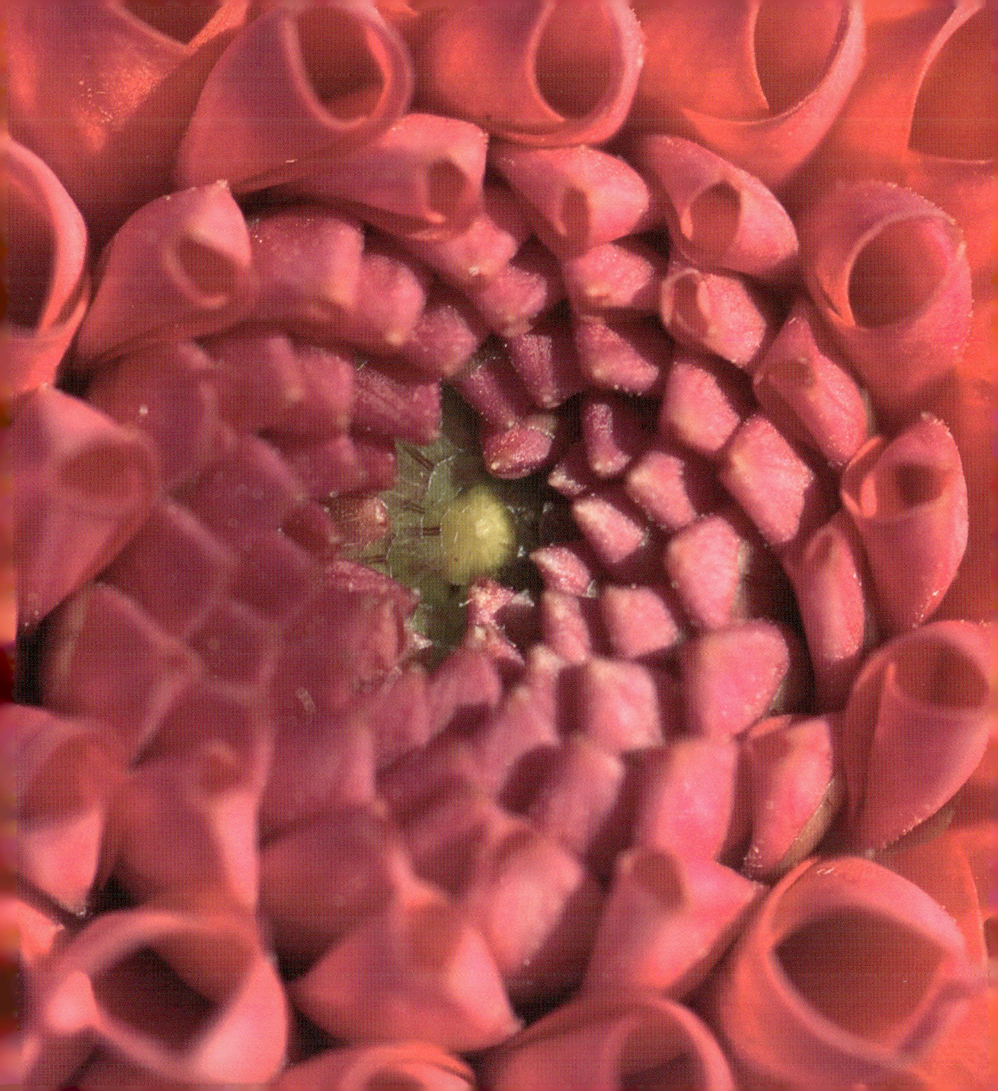

Liebe ist

die einzige Freiheit in der Welt:
Sie erhebt den Geist derart,
dass die Gesetze des Menschseins
und die Phänomene der Natur
seinen Lauf nicht mehr
zu verändern vermögen.

[The Broken Wings]

*

Nur die Liebe und der Tod
verändern restlos alles.

[Sand and Foam]

Winkt dich

die Liebe herbei, so folge ihr nach,
selbst wenn sie dich mühsame, steile Wege führt.
Umhüllen dich ihre Flügel, so überlasse dich ihr,
selbst wenn in ihren Federn ein Schwert steckt,
das dir Wunden zufügt.
Spricht sie zu dir, so schenke ihr Glauben,
selbst wenn ihre Stimme deine Träume zerfetzt,
wie der Nordwind den Garten verwüstet.
Die Liebe wird dich krönen,
aber zugleich auch kreuzigen.
Sie wird dich reifen lassen,
aber auch deine Frucht restlos pflücken.

[The Prophet]

Dein strahlendstes Gewand

hat ein anderer Mensch gewoben.
Dein köstlichstes Mahl
verzehrst du am Tisch eines anderen.
Dein behaglichstes Bett steht im Haus eines anderen.
Sag mir also: Wie kannst du dich
vom anderen Menschen absetzen?

[Sand and Foam]

Ich kam,

im Glanz der Liebe und im Licht der Schönheit zu leben.
Seht mich also, wie ich darin lebe;
Menschen können mich davon nicht trennen.
Sollten sie mir die Augen ausreißen,
so würde ich den Liebesliedern lauschen
und den Melodien, die von Schönheit und von Freude künden.
Sollten sie mir die Ohren verstopfen,
so würde ich meine Freude darin finden,
mich vom Windhauch zärtlich streicheln zu lassen,
der mir den Duft der Schönheit
und die süßen Atemzüge der Liebenden zutrüge.

[A Tear and a Smile]

Verzeih mir, mein Geliebter,

dass ich dich in der zweiten Person anspreche.
Du bist doch meine andere, wunderschöne Hälfte,
die mir immer gefehlt hat,
seit wir aus der heiligen Hand Gottes entstanden.
Verzeih mir, mein Geliebter!

[The Voice of the Master]

Die Stimme des Lebens in mir

vermag das Ohr des Lebens in dir
nicht zu erreichen.
Aber lass uns miteinander sprechen,
damit wir uns nicht einsam fühlen.

[Sand and Foam]

Bibliografische Information der Deutschen Bibliothek
Die Deutsche Bibliothek verzeichnet diese Publikation in der Deutschen Nationalbibliografie; detaillierte bibliografische Daten sind im Internet über http://dnb.ddb.de abrufbar

Kreuz Verlag, Stuttgart
in der Verlagsgruppe Dornier GmbH
Postfach 80 06 69, 70506 Stuttgart

www.kreuzverlag.de
www.verlagsgruppe-dornier.de

Fotos: Sabine Münch, Berlin
Umschlagbild: © Zefa Images/Elizabeth Knox
Umschlaggestaltung, Satz & Layout:
Dagmar Herrmann, Grafik und Buchherstellung, Köln
Druck: L.E.G.O. Olivotto S.p.a. Vicenza

ISBN 3-7831-2536-7